MARINA ROSSI

Le poesie della fanciulla

♦

EDIZIONI WE

Immagine di copertina
gentilmente concessa da **Valentina Torsani**, artista

Con la collaborazione di **Chiara Pozzati**, autrice

ISBN 979-12-5497-185-7

Via Paulli 10/A – 26015 – Soresina (CR)

www.clickpertutti.com
www.edizioniwe.com
www.facebook.com/edizioniwe
www.instagram.com/edizioniwe
info@edizioniwe.com

Prefazione

di Nicola Bergamaschi
Fondatore di Edizioni We

Cara Marina,

è un gioia immensa, per me, pubblicare questa Tua prima silloge poetica dopo tante opere di altra natura (diari e racconti per bambini).

Attraverso i Tuoi versi apri il cuore al lettore; già dai titoli delle varie parti che compongono questo testo si può cogliere appieno la Tua sensibilità e le Tue priorità: famiglia, amore, affetti, il Tuo piccolo Bryan e la fede sono temi che sono molto importanti per Te e che, quindi, tornano costantemente nella Tua poetica.

In molti dei Tuoi versi si percepisce, nonostante tutto, leggerezza, bellezza e speranza.

Ci sono, poi, invece, poesie che denunciano, che allertano, che urlano, che scuotono le coscienze e attraverso le quali Tu cerchi di inviare dei messaggi importanti a chi ne ha bisogno.

Questa Tua azione sociale attraverso le letteratura è meritoria e, per questo, Ti sono profondamente grato.

Nicola Bergamaschi

Le poesie della fanciulla

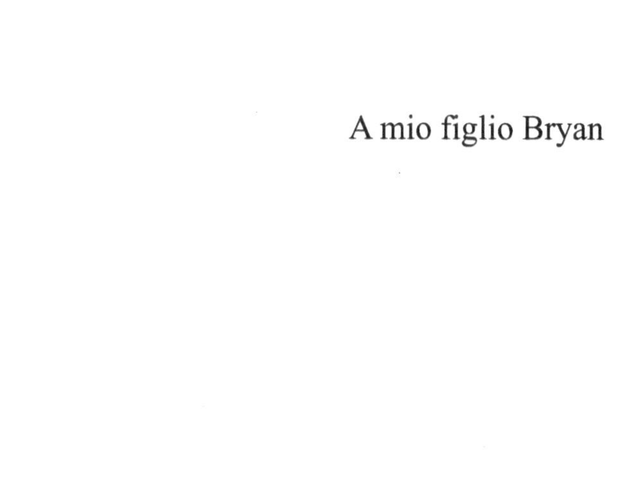

A mio figlio Bryan

Poesie famigliari

Casa

Il paese, il villaggio,
l'orgoglio di essere conterranei,
le feste di quartiere.
Non sapete come sia l'amore per il luogo dove si è cresciuti,
l'aver giocato scalzi con i bambini delle vie,
i pomeriggi a battaglie di gavettoni,
decidere come vestirsi per carnevale.
Ogni via era un racconto diverso, con usi e costumi.
Leggeri sono i miei ricordi, ora,
con essi resto nel mio paese, da tutti amata;
con la voglia di ricordare il muretto dove si passavano ore
intere, di riascoltare i rombi delle macchine
che si sentivano dall'autodromo,
e la partita di calcio dalla finestra.
Le mie radici sono ben salde,
anche se lontane.

I nonni

I nonni, con i loro capelli color argento,
le loro menti sagge,
ti danno lezioni di vita,
preparano manicaretti squisiti,
qualche volta prendono il ruolo dei tuoi genitori.
I nonni sono dolci come il miele
e forti come rocce.
Non chiedere a una stella ‘se vuole brillare’,
è l’unica cosa che riesce a fare.
Così non chiedere a una nonna se è capace di amare,
guarderà il nipotino e lo inizierà a cullare.
A tutti i nonni che festeggiano,
a quelli che una telefonata attendono
e che non sono dimenticati,
ma che la vita li ha allontanati.
A chi sta male
e a chi aspetta un perdono,
a chi guarda nel vuoto,
e a chi si sente solo,
a chi è in famiglia a festeggiare
e a quelli che non lo possono fare.
Se chiedi a una nonna di insegnarti ad amare,
ti prenderà in braccio e prenderà a parlare.
A qualsiasi età.
Grazie Nonni .

Distratto è un papà

Sei un tipo strano,
mi prendi in braccio con una mano,
poi ti dico con voce tremante
che ho fatto un po' il birbante.
E il tuo cuore che mi sente
anche se non ho detto niente.
Ma tu con il telefonino
sempre teso e col capo chino,
tempo non hai per me
che vivo solo di te.
La sera torni stanco,
vorrei solo starti accanto,
vorrei giocare,
ma hai sempre da fare!
Allora prendo un po' di cielo
per renderti più leggero.
Con il tuo sorriso un po' discreto
e il tuo sguardo di sbieco,
ti dico grazie per il bene
che spezza queste brutte catene.
Con te sono forte, non ho paura,
nemmeno nella notte più scura!

Il mio papà

Mi basterebbe che tu fossi qui,
un uomo vivo col tuo cuore è un sogno.
Papà, portami ancora per mano!
Eri buono, gentile, divertente,
un gran lavoratore,
molto orgoglioso delle tue figlie .
Guidavi i miei passi con amore,
cercando di essere il migliore.
Li hai passati tutti i tuoi momenti,
restando sempre attento ai tuoi presenti;
mi hai fatta 'grande',
ma non solo fuori,
e di te ho molto dentro.
Non mi basta questo foglio,
per dirti il bene che ti voglio,
con te c'era sempre da imparare
e mille cose sapevi insegnare;
Come la tela con il colore,
stammi vicino con il tuo amore,
quando sono triste ti sento accanto
con la tua mano è tutto un incanto.
Ti voglio amare all'infinito,
inarrivabile, sei il mio mito.
Quando i giorni sono eterni,
come i freddi e lunghi inverni
cosa darei per ascoltare la tua voce
e chiacchierare ancora un po',
sentirmi dire: "abbi pazienza,

tutto arriva con la giusta sentenza."
Guardo il cielo per ogni stella luminosa
tu sei lì e mi sorridi,
"la mia bambina sei e sarai,
vai avanti, dai, che ci riuscirai".

Ti voglio bene papà, manchi.

Mamma

Vorrei tanto giocar con te,
che cancelli ogni mio dramma.
Mi nutri d'affetto,
ho visto il tuo pensiero,
è l'amore, quello vero!
Mamma,
più bel fiore della vita.
Mamma,
unico essere perfetto a questo mondo,
il più prezioso dei tesori.
Mamma,
sorridimi, vorrei giocare ancora con te,
come facevamo un tempo.
Corri indaffarata,
sei la regina da tutti amata,
mai riposi, donna meravigliosa,
mamma,
con te il mio mondo è più rosa.

A mio figlio Bryan

Mio amore caro,
la vita mi ha dato te.
Sei la mia vittoria,
sii la tua conquista.
Ho sentito i nostri cuori
battere all'unisono;
si sono amati,
di un'amore puro.
Fino a quando potrò, ti terrò per mano,
ti insegnerò a volare,
ma non spiccherai il mio volo,
ne avrai uno tutto tuo, figlio mio.
Ti insegnerò a vivere,
ma percorrerai una strada una tutta tua.
Amore mio,
ogni volta che cadrai, ti aiuterò a rialzarti,
se piangerai, asciugherò le tue lacrime
e piangerò con te.
Quando sarò vicino alle stelle, e ti sentirai giù,
alza lo sguardo e mi vedrai lì,
ed io asciugherò le tue lacrime
e ti accarezzerò ancora .
Tu, figlio mio, continuerai il cammino,
con tutto l'amor mio.

Poesie sulle donne

Donna

Sono fatta così:
se voglio ridere rido,
se voglio fare follie, le faccio.
Sono fatta così:
è in me l'illusione di un giorno,
mi popolano echi e voci nostalgiche.
Tutte quante sono belle, le donne,
luminose come stelle.
Sanno fare anche dispetti.
Sono allegre e birichine,
sono persone forti, combattive,
fanno tanto, anche se a volte un po' schive.
Amate, rispettate la donna.
Non cercate in essa solamente un conforto,
ma la forza e l'intelletto.
Essere donna è un'avventura che richiede coraggio.
Viva le donne, ogni giorno!

Uomo

La tua mano,
animale celato,
fai piano.
Entri in punta di piedi nella mia vita
turbi i miei sogni,
ascolti i miei battiti,
i miei respiri.
Poi, un giorno, ti sei svegliato!
Mi tarpi le ali, orco,
accusatore ingiusto,
dove hai sepolto la mia forza?
La mia voglia di combattere la vita,
le mie speranze?
Sola, ho guardato il mondo a lungo
ho combattuto, pianto, urlato.
Sono stata lasciata sola!
Se mi prendi senza permesso
cado in un abisso,
ma ci sono le pareti,
tramite le quali possiamo rialzarci!
Stanca, con il cuore calpestato,
il mio coraggio a volte si perde nella paura,
ma insisto, perché sono donna.
E in quanto donna
IO VALGO,
COMBATTO
E MI RIALZO!

Principessa

O principessa
che aspetti di essere salvata,
la vita è un dono prezioso e non va violato,
ma con amore, curato.
Prigioniera innocente,
di un atto violento della dignità umana.
Le donne sonno mamme, mogli, sorelle nonne.
Urla, donna,
la tua bontà è infinita,
sottomessa e umile contro le sue grida.
Sono botte e improperi tutti i giorni,
non ne posso più.
Chiedo aiuto,
chiedo a gran voce: "No alla prepotenza!"
Chiedo ferma: "No alla violenza!"
E con tanta forza di volontà, principessa,
ti riappropri della tua libertà.

Poesie primaverili

Primavera

Un usignolo canta sul melo,
una cascata di glicini viola,
fiori di pesco,
fiori di ciliegio.
Nidi di rondine nascono sotto i tetti,
i cinguettii son perfetti.
La primavera si veste
per i prati e le foreste,
canta l’uccello sopra un rametto
ecco il mondo vestito di nuovo,
appare perfetto.

Buona Pasqua

I cieli sono in festa,
la Pasqua si ridesta,
con tanto altruismo, bontà,
e gioia in quantità.
Tanta pace e amore
da riempire ogni cuore,
per esclamare con ardore:
“È risorto il Signore!”

Fiori

Quanti fiori nascono nel bosco,
la loro bellezza è infinita.
Ignari del dono,
regaleranno ad altri occhi
preziosa gioia.
E d’un tratto scompaiono,
inghiottiti dalle prime ombre.

Il Mare

Tremolano le onde,
un palpito risponde.
Alita il vento e il pensiero va a naufragare,
dalla finestra vedo lo sconfinato mare,
che sta sotto l'azzurro cielo infinito
e mi specchio nel silenzio smarrito.
Lì c'è il Mare e sorride da lontano
alla nave di un vecchio capitano.

Poesie sul cibo

Poesia della frutta

Ogni frutto puoi assaggiare,
devi solo imparare!
Un'arancia per il mal di pancia,
i miei spicchi colorati,
sono buoni spremuti o mangiati.
La fragola del bosco
è la più buona che conosco,
se vuoi la vita tanto sana,
la banana è un toccasana.
Poi ci sono le mele rosse, gialle dolci e zuccherine,
frutti pieni di bontà e vitamine.
La frutta è gustosa e forti fa diventare,
mette le ali e ti fa volare,
l'acquolina abbiamo già,
e in un sol boccone… sparirà!

Amica verdurina

Sono bizzarre o pura schifezza?
Dai, solo un pochino, guarda che bellezza!
La pappa buona per i bambini,
fa bene a tutti, grandi e piccini.
“Mangia se hai fame”, dice amica verdurina,
“Fanno venire molta acquolina”.
Saranno buoni i pomodori,
a forma di stelle e multicolori,
pieni di vitamine, sali minerali,
potassio e rinforzanti naturali.
Così rosso e tondo,
sembra un grande mappamondo;
l’orto della cara nonnina
ci dona tanta buona robina.
Verde è la lattuga, così fresca e croccante,
per farci un’insalata variegata e abbondante,
zucche, carote e melanzane
che in mille modi possiamo gustare.
Questo cibo è il dono che ci ha fatto la natura,
mangiane tanto e cresci senza paura.

Caffè?

Il caffè ha il sapore del sogno,
della possibilità.
Se il mattino profuma di caffè,
la tua giornata sarà migliore,
uno a me, uno a te!
Uno doppio
o con la panna,
con lo zabaione è una gran ricarica.
È un momento dedicato a me stessa,
per migliorare le mie gesta
bevo caffè e faccio festa!

Poesie sull'amicizia e i bambini

Amici

Non camminare avanti a me,
non posso seguirti.
Non ho risposte per i tuoi dubbi o timori,
però posso ascoltarli e dividerli con te.
Non giudico le decisioni che prendi nella vita.
Non posso evitare la tua sofferenza,
quando qualche pena ti tocca il cuore.
Però posso piangere con te,
raccogliere i pezzi e rimetterlo a nuovo.
Non camminare dietro di me,
non so dove portarti.
Non nascondere il segreto del tuo cuore, amico mio!
Dillo a me, solo a me,
in confidenza.
È tanto bello quando si è amici,
giocare insieme, sentirsi felici.
Credo nel tuo sorriso,
nel tuo sguardo,
che è lo specchio della tua onestà.
Credo nel tuo abbraccio,
è accoglienza del tuo cuore.
Cammina al mio fianco,
saremo sempre amici.

Il bulletto

Tanto triste e arrabbiato è il bulletto,
un bimbetto che sta solo soletto,
dà calci e pugni, offende spesso.
Quando è solo non vale niente,
ama fare il prepotente!
Pensa di essere il numero uno
ma in realtà non piace a nessuno,
se non si chiede aiuto a qualcuno,
questo suo vile comportamento,
rovinerà ogni bel momento.
Sei prigioniero di paure e debolezza,
che annientano ogni dolcezza.
Chi hai ferito ora non sorride più,
da oggi tendiamo la mano a chi si sente giù,
con saggezza, amore e resilienza,
per combattere contro la violenza.

Parole

Pieno è il paese,
tutti sono fieri
di camminare
e di riempire le vie di risate.

La parola è come sorda,
si affanna,
si affatica lì fuori.
Ma insieme si congiunge
e si arricchisce di sostanza.
Che male può fare?
A ferire, può arrivare!

Parole da praticare con rispetto,
garbo e delizia,
un buon esercizio di amicizia.
Ricorda il tuo diritto
ma anche il tuo rovescio,
qui siamo tutti uguali,
se io rispetto te
fai lo stesso con me.

Importante è ogni cosa
non sprecarla,
puoi salvare anche il mondo
e farci insieme il girotondo.

Il pensiero di un gioco

Cari bambini, cari genitori
uniamo gli spiriti e gli ardori,
non è cosa da poco,
dedicarsi spesso al gioco.
Ho fatto il pieno di TV,
ora basta, scendo giù!
Che mi aspettano con i giochi
tanti amici vecchi e nuovi.
Alla mia mente e al mio cuore
restate vicini, con amore,
raccontate il sogno di una speranza
piena di rispetto e perseveranza,
che è sempre più raro amare davvero,
premiate l'impegno, donate un pensiero.
Dove ridono i bambini con colori e acquerelli,
tra le dita che creano, come pennelli.

Imparerò le regole

Un giorno vincerò,
e le regole imparerò.
Seguire quelle norme monelle
che anche controvoglia
mi spingeranno avanti.
La felicità di aver giocato
con lo svago della vita
e di aver anche insegnato
a farlo con premura.
E scusa se è poco,
ma il mio diritto a giocare, invoco.
Se proprio mi va di giocherellare,
con la palla devo andare!

Autunno

Quando un bambino diventa un alunno
è arrivato l'autunno,
e vola in cerca di calore
l'uccellino migratore.
Le foglie si colorano come per magia,
se in silenzio stai,
sentirle potrai:
sono rosse, gialle e verdi.
Corte sono le giornate,
l'aria si fa fresca
e sul fuoco con le castagne,
per restare un po' al calduccio,
una cioccolata sul divanuccio.

Poesie sul Natale

Buon Natale

Che gioia nei cuori,
sulle tavole imbandite da mille sapori,
l'amore sta per arrivare,
se un amico vicino saprai aiutare.
Questa atmosfera densa di attesa,
per ogni bimbo vuol dire 'sorpresa'.
Qui dove stanno sogni fatati,
c'è spazio a tutti per essere amati.
Porto nel sacco girando i camini
tanti regali per i più piccini.
Nel cielo la stella che brilla di ardore,
annuncia l'arrivo del Redentore.
Nell'aria l'eco di allegre melodie,
risuona con le antiche nostalgie.
Caro Gesù, porta la pace a tutta la terra
e fai cessare ogni crudele guerra,
e ai cattivi un po' di bontà,
che tutti i buoni ce l'hanno già.
A Natale siamo molto più contenti,
auguri e baci a tutti i presenti!

L’albero speciale

Faccio un albero speciale con palline e caramelle,
pieno di magica polvere di stelle.
Quando la neve inizia a fioccare
e i bambini a strepitare
una calda allegria ci invade.
Natale si avvicina,
lo cerchi in cucina,
portando dolci suoni
rende tutti più buoni.
Porta la voglia di fare regali,
mette ai sogni un paio d’ali,
toglie la rabbia da ogni cuore
dispensa gioia e buon umore.
Gesù, fa che io sia buono,
che il tuo dono
accresca in me ogni giorno,
e intorno si diffonda.
Silenzioso, l’albero brilla,
coi doni infiniti
lascia gran sorrisi.
A tutti i bambini bravi e monelli:
“Domani è Natale, sorelle e fratelli!”

Poesia di Natale

Stella piccina
che brilli lassù,
intona il tuo canto
che arriva Gesù.
Un cuore già grato
ti aspetta quaggiù.
Nel buio che avvolge
è scoccata mezzanotte,
l'importante è festeggiare
l'arrivo di nostro Signore,
buon Natale!

Poesie sull'amore

Gesto d’amore

Un piccolo gesto d’amore
che ci colora la vita di gioia e splendore.
Un piccolo gesto per sensibilizzare
e rendere partecipi tutti i bambini.
Di un potere smisurato,
che un qualcosa in lui ha scatenato!
Un piccolo gesto fatto con il cuore,
è un gesto d’amore cresciuto e poi scoppiato.
Noi cerchiamo l’amore,
abbiamo la speranza.
Ci diamo grandi abbracci,
dove non conta il colore
che non avrebbe alcun valore.
Tutti contiamo qualcosa,
portando buon umore
e riempiendo così il cuore
con un piccolo gesto d’amore.

Addio

Non so dirti addio,
anche se fino a ieri
dimoravi nei miei pensieri.
D'ora in poi
mai più per mano ci terremo,
e in acque diverse navigheremo.
Ricordami,
quando farlo potrai,
e al mio cuore di certo arriverai.
Amore,
se per te non è tormento,
allora ancora non si è spento!
Ti amerò in silenzio,
e senza dire altro ti porterò,
tra i ricordi di un viaggio che mai scorderò.

Non so dirti addio, d'ora in poi ricordami amore,
ti amerò in silenzio.

Poesie religiose

Santa Maria

Santa Maria,
illuminaci il cammino,
prega per noi che a te ricorriamo,
tieni lontano il dolore.
Consola un cuore che piange
proteggi la mia famiglia.

Oh Maria,
sorridi e ascolta il mio canto.
Non dimenticare le tristezze della terra
rivolgi uno sguardo verso chi soffre,
aiutaci a crescere nell'amore per *Lui*,
attraverso la preghiera personale,
la meditazione attenta della Parola di Dio.
Considera la grandezza del mio dolore
e concedimi la grazia di cui ho tanto bisogno.

Sposa dell'eterno Spirito Santo,
Maria santissima,Vergine madre,
con la grazia e il tuo potere d'intercessione per tuo Figlio Gesù,
mio Salvatore, ricevi oggi questo 'nodo'.
Per la gloria di Dio ti chiedo di scioglierlo
e per sempre spero in te.
Sei l'unica consolatrice che il Signore mi ha dato,
sei la fortezza delle mie deboli tempra,
accogli la mia richiesta.
Preservami, guidami, proteggimi.
Sii il mio rifugio.
Amen.

Signore

Signore,
accendi luce e speranza in ognuno di noi,
aiuta chi si sta perdendo nelle vie oscure.
Signore,
fa che in questo giorno
sappia prendere le giuste decisioni,
fa che le mia fiducia in te cresca.

Grazie per quello che mi offri ogni giorno.

Signore,
ti chiedo salute e forza,
per affrontare la giornata.
Proteggi la mia famiglia e donaci la tua bontà.

Signore buona notte

Grazie o Signore per la giornata di oggi,
per essermi rimasto accanto.
Perdona i miei peccati,
dolce sarà il mio riposo benedetto da te.
Liberami dai sogni malvagi,
e donami Signore la tua tenerezza,
aiutami ad ascoltare e compiere la tua volontà;
concedimi una sera tranquilla
e una notte santa.
Conforta le persone sole,
aiuta gli affamati.
Signore, tu sei l'amore
Signore, sei speranza,
Signore, sei vita.
L'anima mia è stanca di affanni e tristezze,
metti la mano sul mio cuore,
che si desti più forte,
che riprenda allegramente il suo battere
per un nuovo giorno.

Amen

Ringraziamenti

Un grande ringraziamento a Chiara Pozzati per il supporto nella ultima revisione del libro.

Un grande ringraziamento a Valentina Torsani per aver permesso di utilizzare la sua bell'opera come copertina di questa silloge.

Un ringraziamento importante anche al mio editore Nicola Bergamaschi, fondatore di Edizioni We per aver deciso di pubblicare questa mia opera.

Infine, ringrazio me stessa, per il costante impegno.

Biografia

Marina Rossi nasce in Lombardia nel 1976.
Fin da ragazzina ha sempre amato la scrittura, finché, crescendo, decide di farsi spazio nel mondo dei libri.

Nel 2020 pubblica "Quando i dinosauri abitavano a San Marino", dedicato ai bambini, favola di un cucciolo di dinosauro che va alla scoperta della Repubblica di San Marino.

Poco dopo, nello stesso anno, pubblica un romanzo che ha come temi centrali bullismo e violenza psicologica, intitolato "Il sorriso nascosto".

Partecipa a un concorso letterario istituito dalla casa editrice 'Mosaico' arrivando tra i primi posti, con il racconto "Caro babbo Natale, ti scrivo perché".

È membro del direttivo Comites, organismo rappresentativo della collettività italiana, eletto direttamente dai connazionali residenti all'estero.

Continua, inoltre, a maturare l'interesse per la scrittura destinata ai piccoli, pubblicando "Folletti in vacanza".

"Diario di Margot", pubblicato da Marina, utilizzando lo pseudonimo di Sofi, e la silloge poetica "Le poesie della fanciulla", edite dalla casa editrice internazionale Edizioni We, sono le sue ultime opere pubblicate.

Indice

www.ingramcontent.com/pod-product-compliance
Lightning Source LLC
LaVergne TN
LVHW040949150826
845672LV00002B/600
* 9 7 9 1 2 5 4 9 7 1 8 5 7 *